Konzentrationstraining für die Grundschule

1.– 4. Schuljahr

Sandra Kroll-Gabriel

Cornelsen

Inhaltsverzeichnis

Lektorat: Margaretha Pawlischek-Brokmeier, München
Projektleitung Cornelsen: Irena Reinhardt
Illustration: Kristina Klotz, München
Umschlagkonzept: Mendell & Oberer, München
Umschlaggestaltung: Corinna Babylon, Berlin
Umschlagillustration: Lutz Siebert-Wendt, München
Technische Umsetzung: zweiband.media, Berlin

www.cornelsen.de

3. Auflage 2020

Druck: H. Heenemann, Berlin

ISBN 978-3-589-16087-7

PEFC zertifiziert
Dieses Produkt stammt aus nachhaltig bewirtschafteten Wäldern und kontrollierten Quellen.
www.pefc.de
PEFC/04-31-1156

A) Einführung

1. Konzentration und Aufmerksamkeit

„Jetzt konzentriere dich doch!" Diesen Satz hören konzentrationsschwache Kinder nicht nur einmal täglich aus dem Mund ihrer Eltern und Lehrer. Gerade in einer reizüberfluteten Welt fällt es den Kindern immer schwerer, sich zielgerichtet einer Aufgabe zu widmen. Konzentrationsschwierigkeiten sind somit ein Merkmal unserer Zeit und ein Effekt der gesellschaftlichen Veränderungen. Die Anforderungen an die Kinder sind anspruchsvoller geworden und reizlose Phasen sind im kindlichen Alltag selten zu finden. Die Kinder müssen bedingt durch die Berufstätigkeit beider Eltern den Schulalltag oftmals selbstständig meistern und das Lernen eigenständig organisieren. Das ist für viele Schüler eine große Herausforderung und erfordert ein Lern- und Arbeitsverhalten, das auf den Basisfähigkeiten Konzentration und Aufmerksamkeit aufbaut.
Aber was genau sind nun Konzentration oder konzentriertes Verhalten? Wie zeigt es sich, und woran erkennt man, dass ein Kind nicht in der Lage ist, sich über einen erforderlichen Zeitrahmen zu konzentrieren?
Konzentration ist als Fähigkeit zu verstehen, die eigene Aufmerksamkeit zielgerichtet über einen begrenzten Zeitraum hinweg auf einen bestimmten Reiz zu richten.
Oft werden die Begriffe Konzentration und Aufmerksamkeit synonym verwendet. Eigentlich ist die Fähigkeit, sich zu konzentrieren eine Steigerung der Aufmerksamkeitsleistung. Aufmerksamkeit charakterisiert sich durch Selektion. Das heißt, aus einer Fülle an Reizen werden einige wenige ausgewählt und weiter beachtet. Viele andere Reize werden dabei ausgeblendet. Die Konzentration definiert sich durch weitere Kriterien:

Intentionalität
Konzentration ist keine automatische Zuwendung zu einem Reiz, sondern muss bewusst gesteuert werden. Ein Kind wird zum Beispiel auf ein Geräusch aufmerksam, muss es aber nicht weiter beachten.

Integration
Bei konzentriertem Verhalten findet eine kontrollierte Verarbeitung des Reizes statt. Haben die Schüler zum Beispiel das Einmaleins automatisiert, so erfordert das Abrufen der Ergebnisse keine Konzentrationsleistung mehr.

Beanspruchung energetischer Ressourcen
Konzentration ist anstrengend und wird subjektiv unterschiedlich erlebt. Deshalb hat auch jeder Schüler eine unterschiedliche Konzentrationsspanne, die durch die individuellen energetischen Ressourcen bestimmt wird.

Abschirmung
Konzentriertes Verhalten ist weiter definiert durch die Fähigkeit der Abschirmung des Zielverhaltens gegenüber möglichen Ablenkungen. Schüler sollten demnach in der Lage sein, Nebenreize auszublenden, auch wenn diese eventuell attraktiver sind als die eigentliche Aufgabe.

Wichtig
Im Zusammenhang mit Konzentration und Aufmerksamkeit wird oft von ADS oder AD(H)S gesprochen. Deshalb ist folgende Unterscheidung sehr wichtig: Konzentrationsschwierigkeiten sind ein Symptom der ADS oder AD(H)S. Kinder mit Aufmerksamkeitsdefizitsyndrom zeigen also Konzentrationsprobleme. Umgekehrt zeigt aber nicht jedes konzentrationsschwache Kind die psychische Störung ADS oder AD(H)S. Wichtig ist es trotzdem, Symptome zu erkennen und gegebenenfalls einen Facharzt zu kontaktieren.

2. Konzentration: ein Stützfaktor für schulisches Lernen und Leisten

Es ist erwiesen, dass Konzentration und Aufmerksamkeit die schulischen Leistungen positiv beeinflussen können. Nicht nur die kognitiven Fähigkeiten sind entscheidend für den Schulerfolg, sondern auch ein gutes Lern- und Arbeitsverhalten. Dieses Lern- und Arbeitsverhalten wird unter anderem durch die Basisfähigkeiten Konzentration und Aufmerksamkeit gestützt. Dennoch berichten Lehrer an deutschen Grundschulen häufig von Konzentrationsschwierigkeiten ihrer Schüler der 1. bis 4. Jahrgangsstufe.

* Aus Gründen der besseren Lesbarkeit werden nur die männlichen oder weiblichen Formen der Ansprache verwendet. Natürlich sind immer beide Geschlechter angesprochen.

3. Kinder mit Konzentrationsschwierigkeiten

Betrachtet man eine „gewöhnliche“ Grundschulklasse, so zeigen etwa die Hälfte der Schüler Konzentrationsprobleme. Das Verhalten ist dabei sehr unterschiedlich. Während die Lehrerin bereits die nächste Aufgabe erklärt, schaut Maria nachdenklich aus dem Fenster, Robin findet schon wieder nicht das richtige Buch, Julia kramt noch immer im Federmäppchen und Jonas kippelt unruhig auf dem Stuhl hin und her. Die Schüler haben Probleme die Aufmerksamkeit zielgerichtet und situativ angemessen zu steuern. Es fällt ihnen schwer, sich einer Aufgabe gezielt zu widmen, über einen längeren Zeitraum dabei zu bleiben, unwichtige Reize auszublenden und ihre Arbeit im vorgegebenen zeitlichen Rahmen zu erledigen. Folgende Verhaltensmuster lassen sich dabei feststellen:

Arbeitsverhalten:

- Oberflächliches, ungenaues und fehlerhaftes Arbeiten mit Abschreibfehlern
- Unvollständigkeit der Arbeiten, siehe Hefteinträge
- Nichtbeachtung der Arbeitsaufträge und vorschnelles Lösen einer Aufgabe, entsprechende Rechenzeichenverwechslung
- Fehlerzunahme nach einer längeren Arbeitsphase, z.B. am Ende von Diktaten
- Keine Ordnung der Arbeitsmaterialien

Verhaltensbereich:
Impulsiver Typ
a. unkontrolliertes Verhalten
b. motorisch unruhig
c. ausgeprägtes Mitteilungsbedürfnis
d. Probleme bei der Regeleinhaltung
e. stört den Unterricht
Verträumter Typ:
f. weiß nicht, was zu tun ist
g. träumt vor sich hin
h. wirkt antriebslos und müde

Das Training baut sich so auf, dass es allen Kindern mit Konzentrationsproblemen gerecht wird.

4. Checkliste für Lehrer und Eltern

Die folgenden Checklisten stellen ein Raster dar, nach dem Sie konzentrationsauffällige Kinder gezielt beobachten können.

Lehrer

Hört im Unterricht nicht aufmerksam zu.	Ja ◯	Nein ◯
Spielt mit Unterrichtsmaterial.	Ja ◯	Nein ◯
Hat unvollständige Arbeitsmaterialien	Ja ◯	Nein ◯
Schafft Aufgaben in der vorgegeben Zeit nicht.	Ja ◯	Nein ◯
Schaut verträumt aus dem Fenster.	Ja ◯	Nein ◯
Macht zahlreiche Flüchtigkeitsfehler.	Ja ◯	Nein ◯
Gibt Arbeiten unvollständig ab.	Ja ◯	Nein ◯
Vergisst Hausaufgaben und Arbeitsmaterialien.	Ja ◯	Nein ◯
Wirkt motorisch unruhig.	Ja ◯	Nein ◯
Trödelt bei Aufgaben.	Ja ◯	Nein ◯
Hat Schwierigkeiten Hefteinträge zu strukturieren.	Ja ◯	Nein ◯
Redet oft dazwischen.	Ja ◯	Nein ◯
Kann schwer abwarten, bis er oder sie an der Reihe ist.	Ja ◯	Nein ◯
Stört den Unterricht durch „Kaspereien“.	Ja ◯	Nein ◯
Beginnt erst nach mehrmaliger Aufforderung mit der Arbeit.	Ja ◯	Nein ◯
Zeigt nach längerer Beanspruchung einen Leistungsabfall.	Ja ◯	Nein ◯

Eltern

Fällt es ihrem Kind schwer, die Hausaufgaben ohne Unterbrechung zu machen?	Ja ◯	Nein ◯
Macht ihr Kind nach längeren Arbeitsphasen mehr Fehler?	Ja ◯	Nein ◯
Bringt ihr Kind angefangene Spiele oft nicht zu Ende?	Ja ◯	Nein ◯
Hat ihr Kind Schwierigkeiten, sich selbst zu organisieren?	Ja ◯	Nein ◯
Braucht ihr Kind regelmäßig länger als eine Stunde für die täglichen Hausaufgaben?	Ja ◯	Nein ◯
Ist ihr Kind vergesslich?	Ja ◯	Nein ◯
Lässt sich ihr Kind leicht ablenken?	Ja ◯	Nein ◯
Hört ihr Kind aufmerksam zu, wenn Sie etwas erklären?	Ja ◯	Nein ◯
Trödelt ihr Kind häufig?	Ja ◯	Nein ◯
Zappelt ihr Kind mit den Füßen oder rutscht auf dem Stuhl hin und her?	Ja ◯	Nein ◯
Kann ihr Kind oft nicht warten, bis es an der Reihe ist?	Ja ◯	Nein ◯
Hat ihr Kind Probleme Regeln einzuhalten?	Ja ◯	Nein ◯
Träumt ihr Kind öfter vor sich hin?	Ja ◯	Nein ◯
Hat ihr Kind ein altersgemäßes Zeitgefühl?	Ja ◯	Nein ◯
Fällt es ihrem Kind schwer, mehrere Aufgaben gleichzeitig zu erledigen?	Ja ◯	Nein ◯
Zeigt ihr Kind bei Knobelspielen wenig Ausdauer?	Ja ◯	Nein ◯

5. Aufbau des Konzentrationstrainings

Übungsschwerpunkte

Das Konzentrationstraining umfasst acht Einheiten. Pausen sollten dabei sinnvoll eingeplant werden. Je nach Lerngruppe kann eine Einheit auf mehrere Unterrichtsstunden verteilt werden. Die Themen müssen jedoch nicht nacheinander durchgeführt, sondern können inhaltlich getauscht werden. Es besteht kein aufsteigendes Leistungsniveau, da alle Aufgaben intelligenzunabhängig konzipiert sind. Die Schwerpunkte der Aufgaben beziehen sich auf die spezifische Problematik der Kinder mit Konzentrationsschwierigkeiten. Folgende Ziele werden dabei verfolgt:

- Steigerung der Daueraufmerksamkeit
- Förderung der parallelen Reizverarbeitung
- Verbesserung der selektiven Aufmerksamkeit
- Steigerung des Arbeitstempos
- Verbesserung der Sorgfaltsleistung
- Förderung der Merkfähigkeit

Verhaltensmodifikation

Neben den fachlichen Inhalten wird in jeder Stunde ein Verhaltensziel formuliert, welches in der Einheit trainiert wird. Die Schüler reflektieren am Ende die Einhaltung des Ziels während der Stunde. Der Auftrag für die kommende Woche ist die Einhaltung dieses Ziels. Eine weitere Reflexion kann zu Beginn der folgenden Stunde durchgeführt werden. Durch den Punkteplan findet eine positive Verstärkung statt.

Aufbau der Stunden

Alle Stunden des Trainings gliedern sich in folgende Phasen:

1. Einstiegsspiel
2. Zielerläuterung
3. Übungen
4. Reflexion

Fördermaterial

Diese ergänzenden Materialien können im weiteren Training eingesetzt werden. Sie unterteilen sich nach den bereits genannten Förderschwerpunkten. Die im Haupttraining erlernten Verhaltensweisen werden gegebenenfalls wieder aufgegriffen.

Rahmenbedingungen

Es empfiehlt sich, das Training im Rahmen eines Förderkurses in Kleingruppen, mit maximal zehn Schülern, durchzuführen. Sollte dies allerdings nicht möglich sein, können Sie einzelne Übungen in Ihren Unterrichtsalltag integrieren.

Kinder mit Konzentrationsschwierigkeiten unterrichten

Neben den gezielten Trainingsbausteinen ist es wichtig, die Kinder im alltäglichen Unterricht durch bestimmte Maßnahmen zu unterstützen. Der Praxisteil zeigt Ihnen verschiedene Möglichkeiten, mit deren Hilfe sie Ihren Unterricht entsprechend planen und strukturieren können.

Erläuterungen

TA = Tafel	PA = Partnerarbeit
AB = Arbeitsblatt	L = Lehrer
WK = Wortkarte	S = Schüler

B) Training

In den folgenden Kapiteln finden Sie die einzelnen Einheiten des Trainings. Die unterschiedliche Schwerpunktsetzung wird jeweils erläutert. Durch das Training begleiten die Kinder das Mädchen Zita und der Junge Carlo, die sich nicht konzentrieren können, weil sie nicht einmal wissen, wie das geht. Das ist bei vielen Kindern der Fall. Zusammen mit Zita und Carlo besuchen die Schüler ein Training und üben an verschiedenen Stationen sich zu konzentrieren. Durch die Motivationsfiguren betrachten die Kinder ihr eigenes Tun auf der Metaebene und lernen mit ihnen zusammen sich situationsgemäß zu konzentrieren und ihr Verhalten zu steuern.

1. Einheit: Stille – Schalte dein inneres Radio ab.

Überblick:

Warum?	Einstieg in die Thematik, Bedeutung des Begriffes Konzentration erfahren; eigenes Verhalten reflektieren
Verhaltensziel:	Wir werden ruhig und stellen unser inneres Radio ab.
Schwerpunkte:	Verbesserung der selektiven Aufmerksamkeit und Fokussierung auf einen zentralen Reiz
Stundenaufbau:	• *Einstieg:* Präsentation der **Motivationsfiguren** (s. Abbildung rechts) **Einstiegsgeschichte** vorlesen und **AB: Wie geht es dir?** bearbeiten • *Zielerläuterung:* **WK/Radio** (S. 32) anheften und mithilfe des **AB: Stelle das Radio aus** besprechen • *Übung:* **Dein inneres Radio**
Danach?	Reizausblendung: **Lachsack**-Übung, Verhaltensziel reflektieren, Punkteverteilung

Einstiegsgeschichte:

Carlo ist ein ganz normaler Junge. Manchmal etwas anders als die Kinder in seinem Alter, zumindest sagen ihm das seine Eltern, seine Lehrer und auch seine Freunde öfter.
Manchmal ist Carlo traurig, weil er das Gefühl hat, alles falsch zu machen. Das beginnt oft schon morgens. Der Wecker klingelt, doch er hört ihn einfach nicht, weil er sich gerade nochmal unter seine weiche Bettdecke gekuschelt hat. Zehn Minuten später stürmt seine Schwester Zita herein. Sie ist bereits putzmunter und bläst Carlo mit ihrer Pfeife ins Ohr. Ja, seine Schwester, die ist manchmal wirklich etwas anders, dauernd muss sie sich bewegen. Nicht mal in der Schule kann sie auch nur fünf Minuten ruhig sitzen. Als Carlo endlich verträumt im Bad steht und sich die Zähne putzt, übt Zita bereits ihren neuesten Jongliertrick im Flur. Die Mutter ruft genervt: „Zeit fürs Frühstück. Beeilt euch." Und dann beginnt ein ganz „normaler" Tag. „Trödel nicht so, bleib sitzen, musst du immer mit den Füßen zappeln, beeile dich, träum nicht so viel, konzentriere dich!" Da war es wieder, das Wort „Konzentration". Oft bekamen die Geschwister dies zu hören. Nicht nur von der Mutter, sondern auch von den Lehrern in der Schule, wenn Carlo wieder mal mit dem Hefteintrag nicht fertig wurde oder Zita aus Versehen den Inhalt des Federmäppchens auf dem Boden verteilte. Langsam hatten die Geschwister es satt. Das kann doch nicht so schwer sein mit der Konzentration. Gemeinsam schmieden sie einen Plan. Sie wollen an einem Training teilnehmen und lernen, sich besser zu konzentrieren. Möchtest du auch mitmachen?

Motivationsfiguren

Illustration: Kristina Klotz

Name: ______________________________ Datum: ______________

Wie geht es dir?

Hast du schon mal so was wie Zita und Carlo erlebt?
Male die Situationen auf.

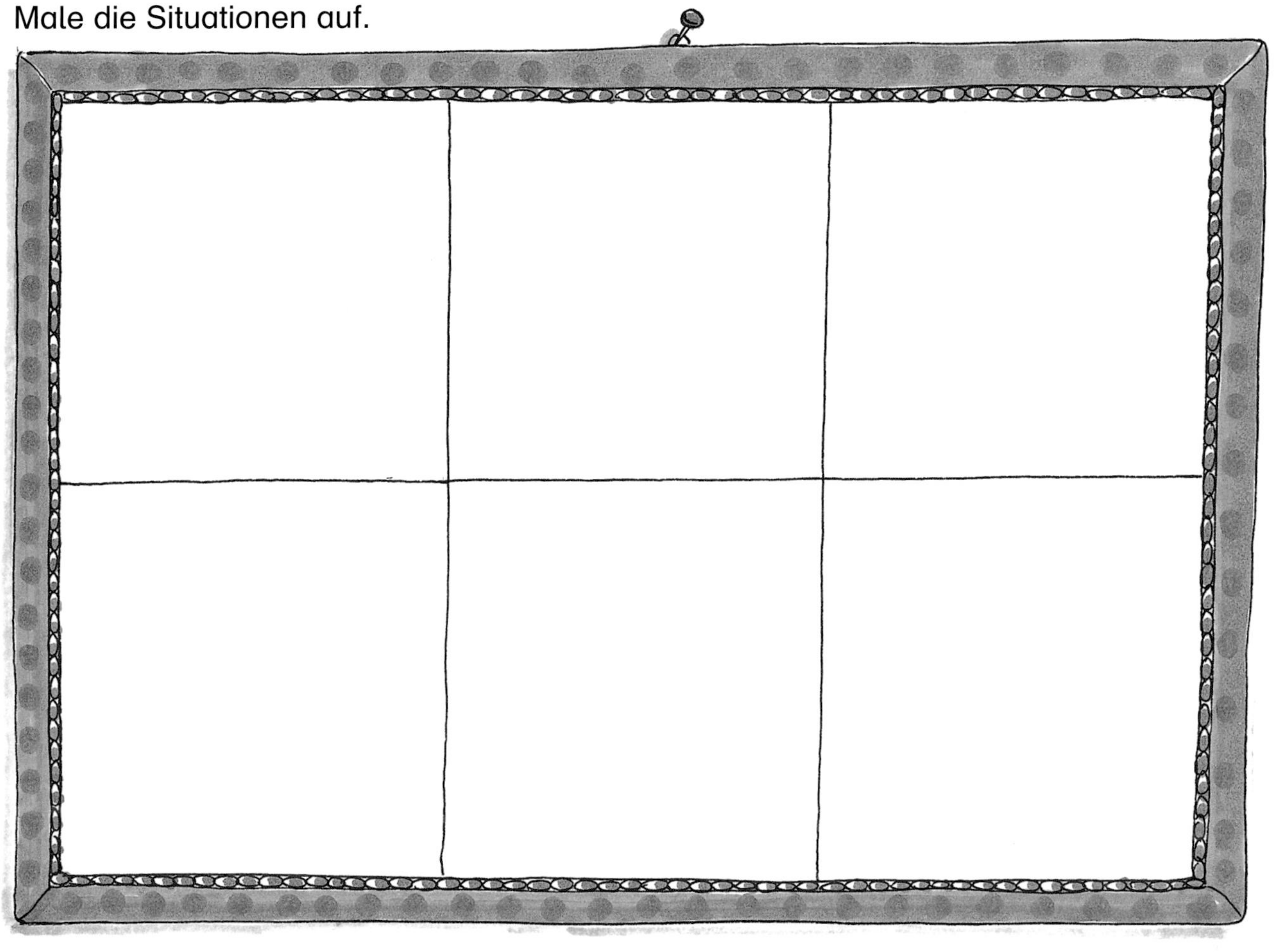

Welche Sätze hörst du?

Schreibe sie in die Sprechblasen.

Name: ______________________ Datum: ____________

Stelle das Radio aus!

Was lenkt dich ab? Male die Bilder an.

Dein inneres Radio

Stelle dich hin und schließe die Augen. Dreh dein inneres Radio auf Null. Plötzlich wirst du ganz still. Du lässt dich nicht mehr ablenken. Jetzt kannst du dich konzentrieren.

Lachsack

So geht es:

- Suche dir einen Partner.
- Ein Kind konzentriert sich und stellt das innere Radio ab.
- Das andere Kind ist der Lachsack und versucht den Partner abzulenken.
- Nach jeweils zwei Minuten wird getauscht.
- Wie oft hast du dich ablenken lassen? Trage ein. ______________

Das nehme ich mir für die nächste Woche vor:

____

2. Einheit: Ruhe – Ich bleibe ruhig auf meinem Platz sitzen.

Überblick:

Warum? Verhaltensmuster erlernen

Verhaltensziele: Ich sitze ruhig auf meinem Platz

Schwerpunkte:
- Steigerung der selektiven Aufmerksamkeit
- Verbesserung der auditiven Aufmerksamkeit
- Förderung der parallelen Reizverarbeitung

Stundenaufbau:
- *Einstieg:* **Spiel: Kommando Breze**
- *Zielerläuterung:* **WK/Fuß** (S. 32) anheften und mithilfe des **AB: Kommando Breze** besprechen.
- *Übung*: **Bilddiktat**: Anfertigen eines Bildes auf Anweisung durch die Lehrkraft
- *Übung*: **AB: Welches Wort passt nicht?** Die Schüler bearbeiten das AB in PA oder im Klassenverband

Danach? Reflexion der erlernten Verhaltensweise, Punkteverteilung

Spiel: „Kommando Breze“

Vorbereitung: Stuhlkreis

Durchführung:
Alle Schüler bewegen sich im Kreis, auf das Signal „Kommando Breze“ suchen sie sich einen Platz und setzen sich mit verschränkten Armen auf einen freien Stuhl. Insgesamt werden fünf Runden gespielt. Folgende Varianten können im Spiel noch dazugenommen werden: Bei „Kommando Füße“ bleiben die Füße am Boden. Bei „Kommando Augen“ richtet sich der Blick nach vorne und bei „Kommando Ohren“ gehen die Hände hinter die Ohren in Lauschhaltung.

Übung:

Bilddiktat
Material: Pro Schüler ein weißes DIN A4 Blatt in Querformat, Buntstifte

Diktat: Höre genau zu und male ...
- in die rechte obere Ecke ein blaues Quadrat
- in die linke untere Ecke ein gelbes Dreieck
- in die Mitte des Blattes ein rotes Herz
- rechts neben das Herz eine lila Blume mit einem grünen Stiel
- in die linke obere Ecke ein grünes Rechteck und in das Rechteck einen blauen Kreis
- verbinde das blaue Quadrat und das gelbe Dreieck mit einem roten geraden Strich
- zeichne an die obere Kante des Blattes ein braunes Zickzackmuster
- vergleiche dein Bild mit einem Nachbarn

Name: ______________________________ Datum: ______________

„Kommando Breze“

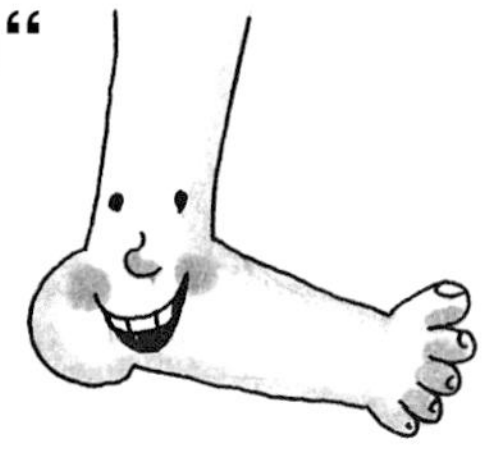

Verbinde die Satzteile.

Meine Füße	sind verschränkt.
Meine Arme	berühren den Boden.
Mein Mund	sind gespitzt.
Meine Augen	ist geschlossen.
Meine Ohren	blicken nach vorne.

Hast du für Zita und Carlo ein paar Tipps?

Meine Tipps:

____

____

____

Prüfe dich selbst.

Setze dich nun, wie du möchtest auf deinen Platz. Dein Partner korrigiert dich. Tauscht die Rollen.

Das nehme ich mir für die nächste Woche vor:

____

Name: ______________________ Datum: ____________

Welches Wort passt nicht?

So arbeitest du:

- Suche in jeder Reihe das Wort, das nicht in die Reihe passt.
- Streiche es durch.
- Während der Übung klatscht dein Partner immer wieder einmal in die Hände und zählt innerlich mit.
- Du zählst im Kopf mit, wie oft er geklatscht hat.
- Vergleicht eure Ergebnisse.
- Tauscht nun die Rollen.

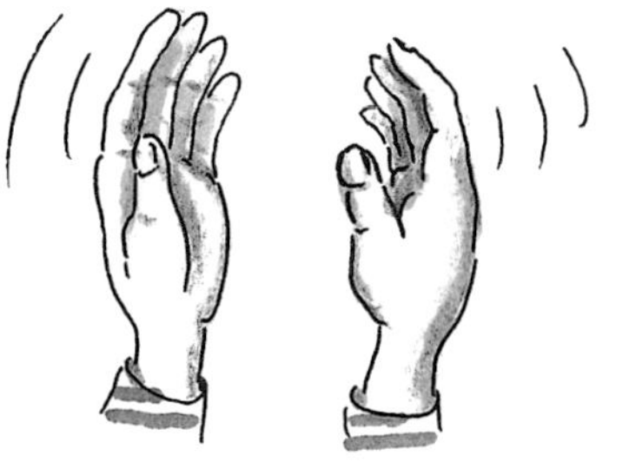

Affe **Esel** **Messer** **Maus** **Pferd**

Blume **Baum** **Kaktus** **Haus** **Gras**

Birne **Banane** **Ananas** **Kleid** **Orange**

Donau **See** **Isar** **Inn** **Berg** **Nil** **Meer**

Käse **Kleber** **Wurst** **Butter** **Marmelade**

Fuß **Hand** **Glühbirne** **Kopf** **Nase**

Hans **Georg** **Leon** **Jonas** **Karola**

Weihnachten **Ostern** **Geburtstag** **Sommer**

München **Bayern** **Ingolstadt** **Nürnberg**

Gurke **Karotte** **Apfel** **Blumenkohl**

Heft **Buch** **Zeitung** **Fernsehen**

Mein Partner hat ________ geklatscht.

3. Einheit: Zuhören – Ich höre aufmerksam zu.

Überblick:

Warum?	Verhaltensmuster erlernen, Selbststeuerung durch inneres Mitsprechen trainieren
Verhaltensziele:	Ich höre der Lehrerin aufmerksam zu
Schwerpunkte:	• Förderung der parallelen Reizverarbeitung • Verbesserung der auditiven Aufmerksamkeit • Förderung der Daueraufmerksamkeit • Verbesserung der Sorgfaltsleistung
Stundenaufbau:	• *Einstieg*: **Spiel: Namenskarussell** • *Zielerläuterung:* **WK/Ohr** (S. 32) anheften und mithilfe der Übung **Spitz die Ohren** besprechen • *Übung:* **AB: Hör genau zu:** Lesen Sie zur Bearbeitung den Ansagetext vor. **AB: Die innere Stimme:** Die Schüler zeichnen das Muster weiter und sprechen dabei mit.
Danach?	Reflexion der Zieleinhaltung, Punkteplan

Spiel: Namenskarussell

Vorbereitung: Stuhlkreis

Durchführung:
Die Lehrerin klatscht einen Rhythmus vor, die Schüler klatschen nach:
Auf die Oberschenkel, danach in die Hände klatschen, schnipsen rechts, schnipsen links.
Nach einigen Übungsdurchgängen werden die Namen der Kinder zum Schnipsen ergänzt.
Beim Schnipsen rechts wird der eigene Name, beim Schnipsen links wird der Name eines anderen Kindes genannt. Nun ist das genannte Kind dran. Je nach Altersstufe kann der Klatschrhythmus verändert bzw. vereinfacht werden.

Übung:

Spitz die Ohren

Lesen Sie die Arbeitsaufträge vor. Die Schüler führen sie der Reihe nach aus.
1. Mache drei Kniebeugen.
2. Schreibe deinen Namen in die Luft.
3. Klatsche zweimal in die Hände.
4. Hüpfe auf einem Bein.
5. Kreise deinen Kopf im Uhrzeigersinn.

Ansagetext für die Aufgabe: Hör genau zu

Die Lehrkraft liest die Arbeitsaufträge vor. Nach jedem Auftrag werden bewusst Pausen gesetzt.
1. Hör genau zu, bevor du etwas tust.
2. Schreibe deinen Namen und das Datum auf die Zeile.
3. Male jedes zweite Dreieck blau an.
4. Male jedes dritte Quadrat grün an.
5. Suche das Wort ‚Rose‘ und male es an.
6. Welches Bild passt nicht in die Reihe? Streiche es durch.
7. Male drei Kreise auf die Linie.
8. Welches Wort passt nicht in die Reihe? Streiche es durch.

Übung:

AB: Die innere Stimme

Die Lehrkraft erklärt den Kindern, dass sie ihre Konzentration durch leises inneres Mitsprechen trainieren können. Dazu wird die erste Übung gemeinsam – unterstützt durch lautes Mitsprechen – durchgeführt. Die weiteren Übungen werden dann in Einzelarbeit mit Hilfe der inneren Stimme fortgesetzt. Dieses Vorgehen unterstützt die Schüler auch beim Abschreiben von Hefteinträgen und Buchstaben. Wortauslassungen können so vermieden werden.

Name: ______________________ Datum: ____________

Hör genau zu.

BROSEKLMNRHKROSEJHSGFROSE

Baum Gras Haus Blume Hecke Busch

Mein Ziel für die nächste Woche:

Name: ______________________ Datum: __________

Die innere Stimme

- Setzte die Muster fort.
- Sprich dabei leise mit. Zum Beispiel: „Zwei Kästchen nach rechts, ein Kästchen nach oben …“

1.

2.

3.

4.

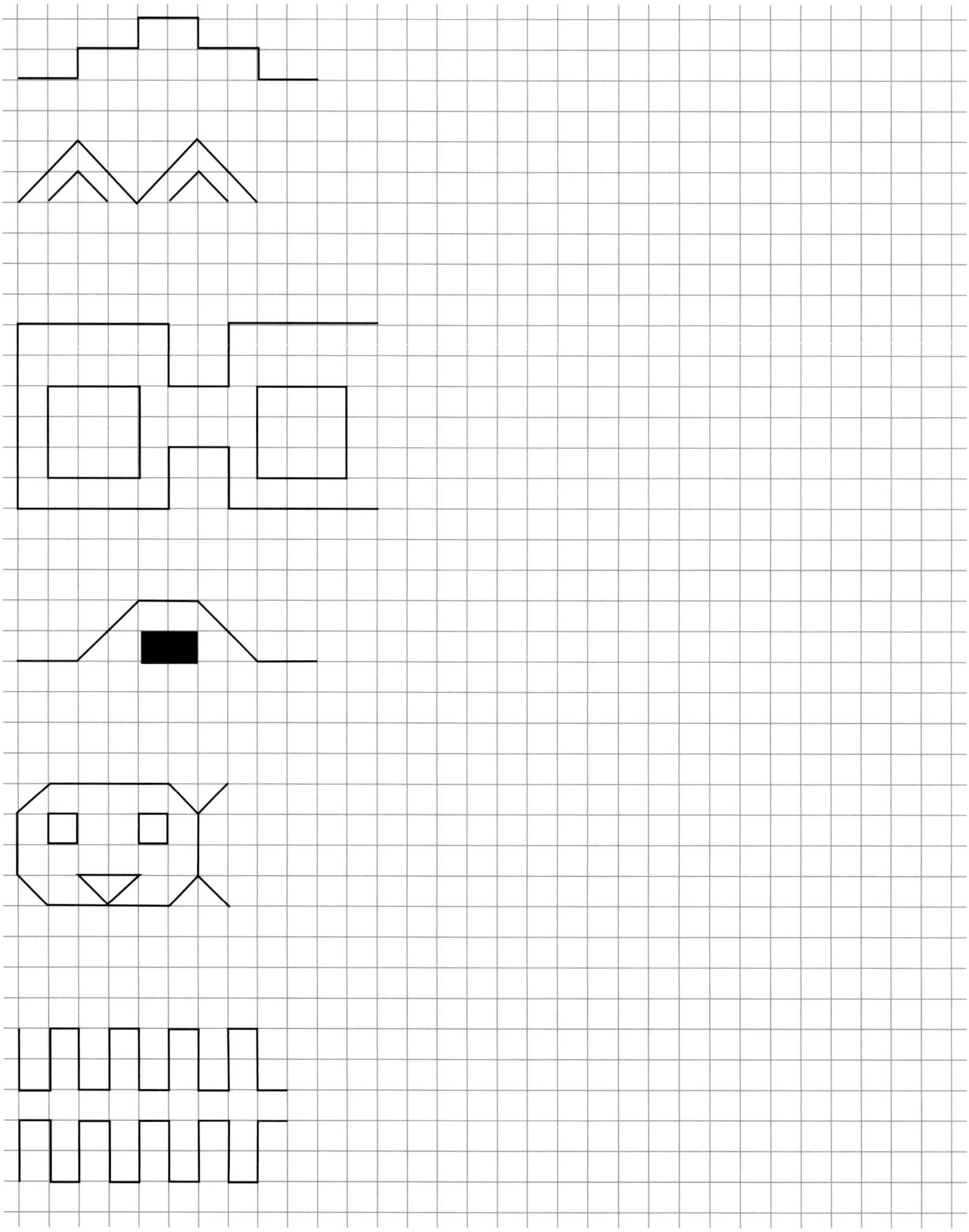

4. Einheit: Geduld – Ich warte, bis ich an der Reihe bin.

Überblick:

Warum? Verhaltensmodifikation, Steigerung der Konzentrationsfähigkeit

Verhaltensziel: Ich warte, bis ich an der Reihe bin.

Schwerpunkte:
- Schulung der Merkfähigkeit
- Regeleinhaltung und Teamfähigkeit
- Förderung der Daueraufmerksamkeit
- Steigerung der selektiven Aufmerksamkeit

Stundenaufbau:
- *Einstieg*: **Spiel: Ich fahre in den Urlaub und nehme mit …**
- *Zielerläuterung*: **WK/Rutsche** (S. 32) anheften und mithilfe des **AB: Jetzt bist du dran** besprechen
- *Übung:* **AB: Wörtermix:** Gegenteile suchen – fehlende Buchstaben einsetzen

Danach? Reflexion der Zieleinhaltung, Punkteverteilung

Spiel: Ich fahre in den Urlaub und nehme mit …

Vorbereitung: Sitzkreis

Durchführung:
Die Schüler packen eine Reisetasche für den Urlaub. Nacheinander werden beliebige Sachen eingepackt. Jedes Kind muss die Sachen der Vorredner wiederholen und anschließend einen neuen Gegenstand ergänzen. Wird ein Gegenstand vergessen, beginnt das Spiel von Neuem.

Übungen:

AB: Wörtermix

Gegenteilpaare

Die Schüler bearbeiten das Arbeitsblatt und verbinden die richtigen Wortpaare. Währenddessen hält die Lehrerin die Bildkarten der Motivationsfiguren im Abstand von ca. zehn Sekunden hoch. Die Schüler zählen mit, wie oft die Figuren zu sehen sind (es dürfen keine Notizen gemacht werden), und trainieren so die parallele Reizverarbeitung. Unterstützend kann vor dem Hochhalten der Bildkarte ein akustischer Reiz (z.B. Klatschen) erfolgen. Die Übung ist zeitlich begrenzt. Es empfiehlt sich, die Zeit mit einer Stoppuhr zu messen.

Welcher Buchstabe fehlt?

Die Schüler ergänzen die fehlenden Buchstaben und schreiben die Wörter richtig auf. Als Unterstützung wird auf das bereits erlernte Verhaltensmuster des inneren Mitsprechens verwiesen.

Name: ______________________ Datum: ____________

Jetzt bist du dran

Ergänze die fehlenden Wörter.

Wenn ich etwas sagen möchte, dann __________ ich mich.

Ich rufe nicht einfach ______________.

In einer Klasse möchte jeder ______________.

Deshalb muss ich warten, bis ich an der ___________ bin.

dazwischen – melde – Reihe – drankommen

Was würdest du tun?

Carlo und Zita streiten sich lauthals um das neue Spielzeug.

____

Zita möchte ihre Freundin anrufen. Ausgerechnet jetzt telefoniert die Mutter.
Zita quengelt im Hintergrund, so dass die Mutter nichts mehr versteht.

____

Auf dem Spielplatz drängeln sich alle Kinder vor der Rutsche.
Zita möchte auch rutschen und ist schon richtig genervt von dem Gerangel.

____

Die Lehrerin erklärt gerade eine Rechenaufgabe. Carlo muss ihr aber jetzt sofort erzählen, was er gestern zum Geburtstag bekommen hat und schreit dazwischen.

____

Der Vater sortiert die Post am Samstagmorgen. Zita will mit ihm spielen
und meckert, weil er schon wieder keine Zeit hat.

____

Mein Ziel für die nächste Woche:

____

Name: ______________________ Datum: ____________

Wörtermix

Gegenteilpaare

- Suche das Gegenteil und verbinde.
- Du hast drei Minuten Zeit.
- Schau genau, wie oft du Carlo und Zita auf der Tafel entdeckst.

weiß	jung
süß	groß
alt	fern
immer	sauer
lang	weich
klein	spät
Morgen	kalt
Sommer	schwarz
nah	eckig
spitz	Abend
unten	hoch
früh	stumpf
rund	nie
hart	oben
heiß	Winter
tief	kurz

So oft habe ich Carlo und Zita an der Tafel entdeckt: ____________

Welcher Buchstabe fehlt?

- Suche den fehlenden Buchstaben im Wort.

Tipp: Das innere Mitsprechen hilft dir dabei.

Sonntg, Ferin, Rado, Schulhas, Zeitng, Compter, Papie, Jeanshse, Eierbcher, Hausschlüssl, Vate, Autotr

____

____

5. Einheit: Sorgfalt – Ich lege meine Arbeitsmaterialien bereit.

Überblick:

Warum?	Verhaltensmodifikation, Steigerung der Konzentrationsfähigkeit
Verhaltensziel:	Ich lege meine Arbeitsmaterialien bereit
Schwerpunkte:	• Vermittlung von Merkstrategien • Steigerung der fokussierten Aufmerksamkeit • Förderung der Daueraufmerksamkeit • Verbesserung der parallelen Reizverarbeitung
Stundenaufbau:	• *Einstieg:* **Spiel: Sag schnell, was fehlt.** • *Zielerläuterung:* **AB: Schul-Werkzeug** besprechen • *Übung:* **AB: Schau genau** **AB: Zitas Schultasche**
Danach?	Reflexion des Ziels, Punktevergabe

Spiel: Sag schnell, was fehlt.

Vorbereitung: Sitzkreis, Tablett mit zehn Schulgegenständen

Durchführung:
Die Schüler sitzen im Sitzkreis und betrachten die Gegenstände: „Mache ein Foto der Gegenstände in deinem Kopf." Die Schüler schließen die Augen und die Lehrerin nimmt einen Gegenstand weg. Alle öffnen die Augen und überlegen, was fehlt. Wer den Gegenstand als Erstes nennt, bekommt einen Punkt in seinen Punkteplan. In jeder Runde wird ein anderer Gegenstand weggenommen.

Übungen:

AB: Schau genau

Vorbereitung: Karten laminieren, je nach Gruppengröße Kartensätze für 2–3 Spieler

Durchführung:
Die Karten werden gemischt und verdeckt auf einen Stapel gelegt. Jedes Kind bekommt eine Ansagekarte. Nacheinander werden die Karten aufgedeckt. Wer zuerst den fehlenden Gegenstand nennt, darf die Karte behalten. Gewonnen hat der Spieler mit den meisten Karten am Ende.

AB: Zitas Schultasche

Vorbereitung: Bildkarte auf DIN A3 kopieren und farbig gestalten

Durchführung:
Die Lehrerin erzählt folgende Geschichte. Die Kinder versuchen, sich alle Details der Schultasche zu merken und zählen im Kopf mit, wie oft der Name Zita in der Geschichte vorkommt. Anschließend wird das AB ausgeteilt und die Schüler beantworten die Fragen. Das Bild der Schultasche wird bei der Bearbeitung abgedeckt oder umgeknickt. Für jede richtig beantwortete Frage bekommen sie einen Punkt. Außerdem gibt es zwei extra Punkte für die richtig genannte Zahl des Namens.

Geschichte:

„Zita, räum endlich dein Zimmer auf!", ruft die Mutter durch das Haus. „In so einem Chaos kannst du schließlich nichts mehr finden." Leider muss Zita der Mutter Recht geben. Seit Tagen vermisst sie ihre neue Haarspange und kann sie einfach nicht finden. Kein Wunder! In Zitas Zimmer türmt sich neben den Schulsachen ein Kleiderhaufen und unter dem Spielzeugchaos verstecken sich ihre Puppenkleider. Also ran ans Werk. Zita will zuerst Ordnung am Schreibtisch schaffen. Sie sortiert alle Gegenstände: Hefte zu Heften, Bücher zu Büchern und Stifte in die Stiftebox. Bei den Spielsachen wird es schon schwieriger. Zuerst holt Zita ihre Kisten hervor. Jetzt kommen alle Kuscheltiere in die rote Box, die Puppensachen in die blaue Box und ihre Puzzles in die grüne Box. „Oh Gott, und jetzt noch der Kleiderhaufen!", denkt Zita. Sorgfältig faltet sie alle Kleidungsstücke zusammen und verstaut sie in ihrem Schrank. Und siehe da, ganz unten, Zita kann ihren Augen kaum trauen, ihre neue lilafarbene Haarspange. Erfreut ruft Zita: „Da hat sich das Aufräumen doch gelohnt!", und sie nimmt sich vor, nie wieder ein solches Chaos in ihrem Zimmer zu veranstalten.

Name: ______________________ Datum: __________

Schul-Werkzeug

Betrachte das Bild. Male die Gegenstände farbig an, die in eine ordentliche Schultasche und auf einen ordentlichen Arbeitsplatz gehören. Markiere rot, was du nicht einpacken sollst oder was unordentlich ist.

Schultaschen – TÜV

- Räume deine Schultasche auf. Alles was nicht in die Schultasche gehört, packst du weg.
- Ordne: Hefte, Bücher, Sammelmappen, Blätter, Federmäppchen, Schlampermäppchen
- Fülle nun den Schultaschen – TÜV aus. ☺ ☹

Wochentag Datum	Hefte ordentlich eingebunden	Bücher eingepackt	Blätter eingeheftet	Stifte gespitzt	Federmäpp-chen eingeräumt	Kleber, Lineal …	Punkte

Mache den Schultaschen TÜV jetzt eine Woche lang jeden Tag nach den Hausaufgaben. Für jeden ☺ bekommst du einen Punkt.

Das nehme ich mir für die nächste Woche vor:

____

Name: ______________________ Datum: ____________

Schau genau.

Was fehlt, was ist vertauscht?

Ansagekarte

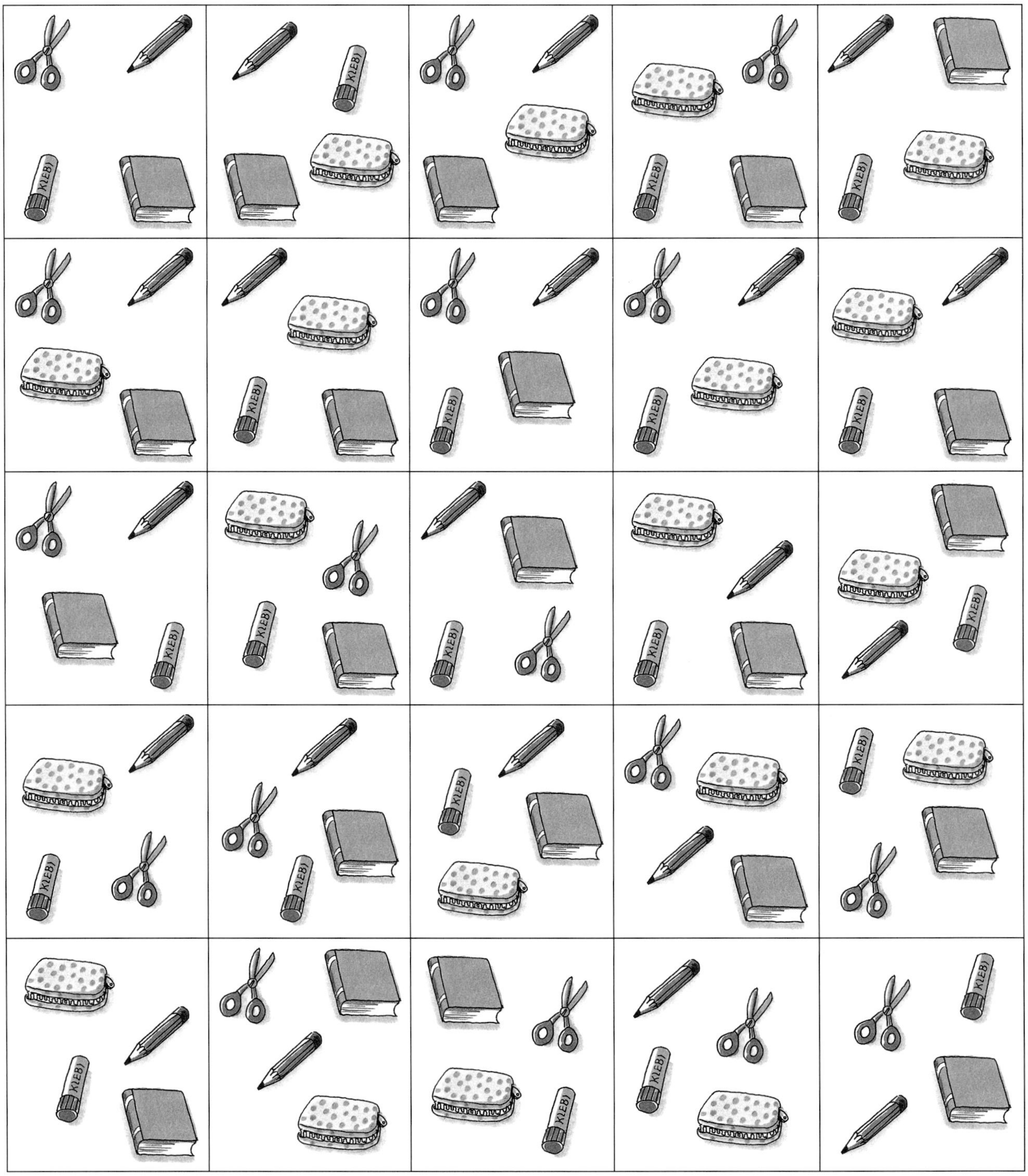

Name: ______________________ Datum: ____________

Zitas Schultasche

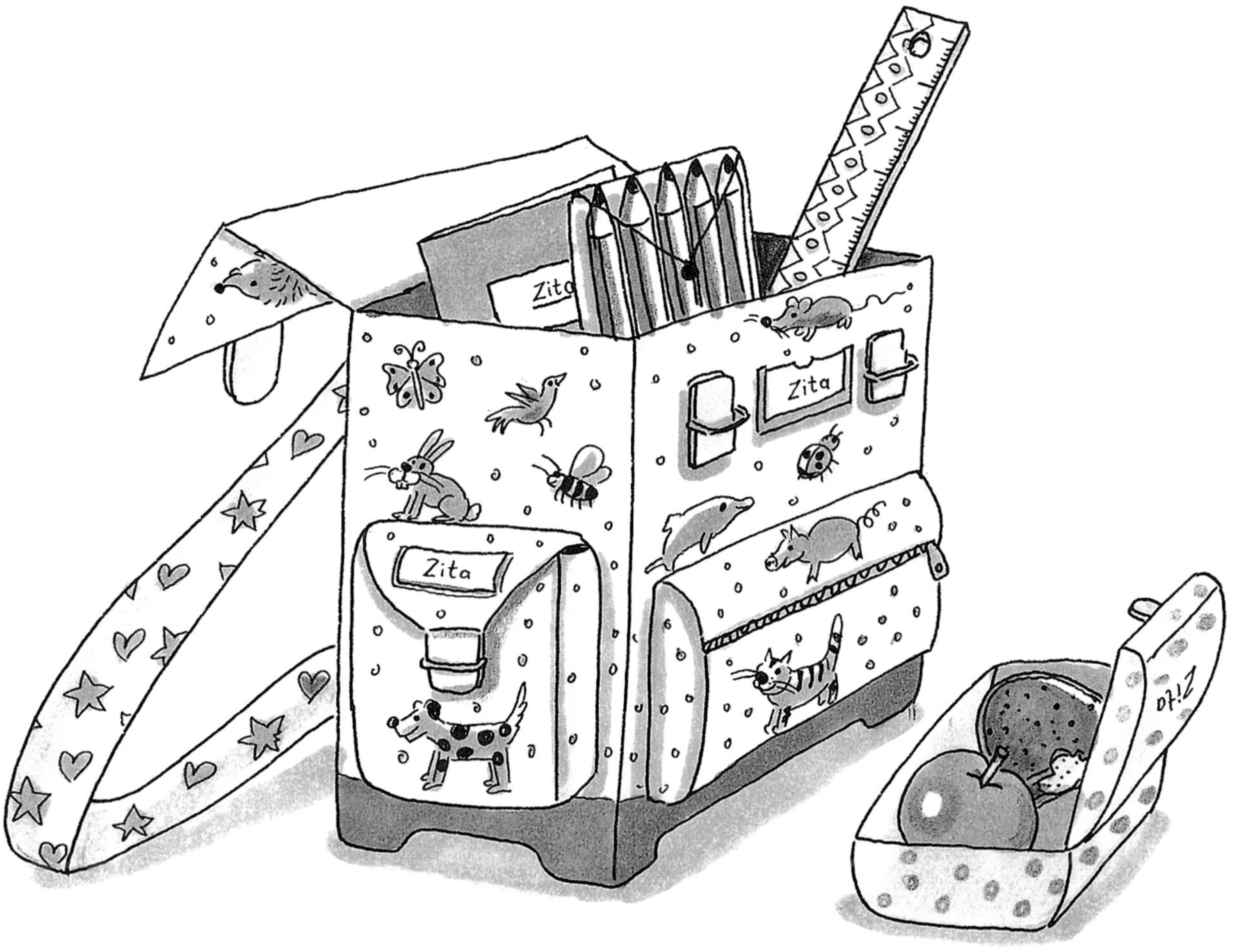

Hier abdecken oder umknicken!

Welches Muster hat das Lineal? ______________________

Wie viele Stifte schauen aus der Schultasche hervor? ______________________

Wie viele Tiere hast du gesehen? ______________________

Welche Tiere waren es? ______________________

Welche Symbole haben die Träger der Schultasche? ______________________

Was war in der Pausenbox? ______________________

ZITAS NAME WURDE ______________________ GENANNT.

6. Einheit: Geschwindigkeit – Ich arbeite flott.

Überblick:

Warum? Verhaltensmodifikation, Steigerung der Konzentrationsfähigkeit

Verhaltensziel: Ich arbeite flott.

Schwerpunkte:
- Steigerung des Arbeitstempos,
- Training der fokussierten Aufmerksamkeit

Stundenaufbau:
- *Einstieg:* **Spiel: Würfelhaus**
- *Zielerläuterung:* **WK/Wecker** (S. 32) anheften und mithilfe des **AB: Zeitfresser** besprechen
- *Übung:* **AB: ABC**

Danach? Reflexion des Ziels, Punktevergabe

Spiel: Würfelhaus

Vorbereitung: Spielplan pro Spielpaar laminieren, Spielgruppen einteilen

Durchführung:
Jedes Spielteam – bestehend aus zwei Spielern und einem Spielleiter – bekommt einen Würfel und zwei Spielpläne. Der Spielleiter würfelt. Die Spieler suchen die gewürfelte Augenzahl auf ihrem Spielplan. Wer die Augenzahl zuerst entdeckt, kreuzt das Feld auf dem Spielplan an. Das Spiel endet, wenn alle Felder markiert sind. Sind beide Spieler gleichzeitig mit dem Markieren der Felder fertig, gibt es zwei Gewinner.

Übungen:

AB: ABC

Namenwörter-ABC

Vorbereitung: Paare einteilen
Material: AB, Sanduhr, Block und Stift
Durchführung: Die Schüler lesen die Arbeitsaufträge und führen die Übung nach Anleitung auf dem Arbeitsblatt durch.

Endlossatz

Vorbereitung: Gruppen einteilen
Material: AB, Sanduhr, Block und Stift
Durchführung: Die Schüler lesen die Arbeitsaufträge und führen die Übung nach Anleitung auf dem Arbeitsblatt durch. Die vorgegebenen Satzanfänge dürfen verwendet werden.

Name: ______________________ Datum: ____________

Spielplan Würfelhaus

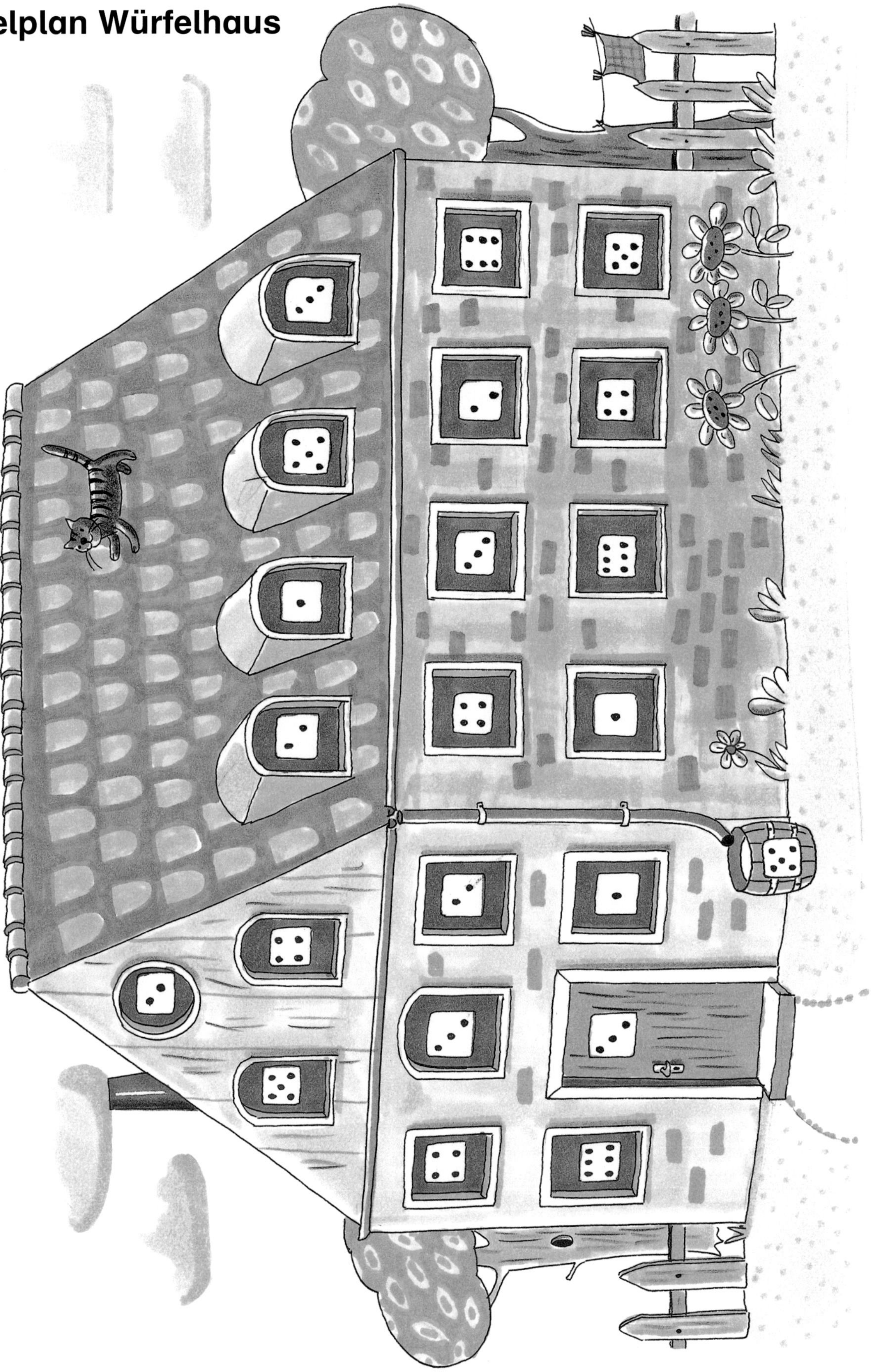

Name: ______________________ Datum: ______________

Zeitfresser

Carlo kommt heute schon früher als Zita aus der Schule. Jede Menge Zeit zum Spielen und Faulenzen – wenn da nicht die lästigen Hausaufgaben wären. Schon beim Mittagessen trödelt er und kaut jeden Bissen dreimal, nur um nicht anfangen zu müssen. Eine Stunde ist bereits um. Mühselig packt er um 14.30 Uhr die Schulsachen aus. „Mist, das Mathebuch ist schon wieder nicht da", schimpft er. Er entdeckt es zwischen dem Blätterhaufen ganz hinten in der Schultasche. So, jetzt kann es losgehen. Was hat er nochmal auf? Leider findet er die Hausaufgaben nicht und blättert verzweifelt im Buch. Endlich! Da ist die Seite und das Heft liegt bereit. Tja, doch die Stifte sind nicht gespitzt und Carlo kann sich nicht entscheiden, ob er den blauen oder den grünen Stift zum Unterstreichen nimmt. Also erst die Stifte spitzen und überlegen … „Ich nehme den grünen", beschließt er. Bereits eine halbe Stunde ist vergangen, bis Carlo die ersten Aufgaben im Heft stehen hat. Nervös kippelt er auf dem Stuhl. „Mama ich habe Durst", ruft er zur Mutter in die Küche. Mit einem angespannten Lächeln bringt ihm die Mutter ein Glas Wasser. „Das hast du aber nicht ordentlich gemacht. Jede Zahl muss in einem Kästchen stehen. Schreibe das nochmal", meckert die Mama. Carlo stöhnt, das Ganze also wieder von vorne. Nach einer weiteren halben Stunde stehen insgesamt zehn Aufgaben in seinem Heft. „Puh, ich muss auf die Toilette", beschließt Carlo und verschwindet im Bad. Da fällt ihm sein neues Legoauto ein, das noch nicht fertig gebaut ist und er macht einen Umweg über das Spielzimmer. Vertieft im Spiel fällt ihm plötzlich die Hausaufgabe wieder ein. Ein Blick auf die Uhr – schon 16.00 Uhr! – jetzt aber Tempo. Zurück am Schreibtisch hört er die Stimme seiner Mutter: „Carlo, beeile dich, Zita kommt gleich nach Hause und wir haben noch einen Zahnarzttermin." Schnell schreibt er die Lernwörter auf den Block, da er das Deutschheft nicht findet. Ordentlich ist es gerade nicht geworden, aber er wird der Lehrerin einfach erzählen, dass er so lange für Mathe gebraucht hat. Ob die Lehrerin das wohl versteht?

- Lies die Geschichte:
- Warum braucht Carlo so lange für die Hausaufgaben? Markiere.
- Was glaubst du wird die Lehrerin sagen?

____

Ist bei dir auch manchmal der Zeitfresser unterwegs? Erkläre, warum.

____

____

Name: ______________________________ Datum: ______________

ABC

Namenwörter-ABC

Das brauchst du:
- Stift, Block, Sanduhr

So geht es:
- Ein Kind sagt leise das ABC auf.
  Das andere Kind ruft „Stopp“.
- Dreht die Sanduhr um und schreibt so viele Namenwörter wie möglich zum genannten Buchstaben auf.
- Wenn die Sanduhr abgelaufen ist, wird gezählt.
- Tragt eure Punkte in die Tabelle ein.

Achtung: Namenwörter schreibt man? … GROß
Nur richtig geschriebenen Wörter ergeben einen Punkt!

Spielrunde	1	2	3	4	Gesamt
Spieler 1					
Spieler 2					

Endlossatz

Das brauchst du:
- Stift, Block, Sanduhr

So geht es:
- Überlegt euch, wer beginnt.
- Dreht die Sanduhr. Ein Kind schreibt einen möglichst langen Satz auf.
  Der Partner ruft nach Ablauf der Zeit „Stopp“.
- Jetzt ist das andere Kind dran.
- Wer hat den längsten Satz geschrieben?
- Ihr könnt das Spiel auch öfter durchführen.

Vorschläge für Satzanfänge:
Ich … Tim … Morgen … Heute …

7. Einheit: Genauigkeit – Ich arbeite sorgfältig.

Überblick:

Warum?	Verhaltensmodifikation, Steigerung der Konzentrationsfähigkeit
Verhaltensziel:	Ich arbeite sorgfältig.
Schwerpunkte:	• Verbesserung der Sorgfaltsleistung • Steigerung der fokussierten auditiven Aufmerksamkeit
Stundenaufbau:	• *Einstieg:* **Legeaufgabe: Magischer Faden** • *Zielerläuterung:* **WK/Stift** (S. 32) anheften und mithilfe des **AB: Bei den Piraten** besprechen • *Übung:* **AB: Piratenparty**
Danach?	Reflexion des Ziels, Punktevergabe

Spiel: Magischer Faden

Vorbereitung: Pro Kind einen Wollfaden mit ca. 50 cm Länge, Karten vergrößert

Durchführung:
Die Kinder legen die Fadenmuster nach.

Übungen:

AB: Piratenparty

Carlos Piratenkostüm

Malaufträge: Die Lehrerin beschreibt den Pirat:
- Carlo trägt einen schwarzen Piratenhut
- die Piratenhose ist blau mit grünen Flicken
- sein Säbel glänzt gelb wie die Sonne
- sein Hemd ist rot-weiß gestreift
- an seinem Ohr hängt ein Ohrring mit einem roten Stein
- auf seiner Schulter sitzt ein bunter Papagei

Puzzleteile

Die Schüler sollen die Bildausschnitte im Bild finden und farbig umfahren.
Tipp: Die Bildteile können ausgeschnitten und aufgeklebt werden.

Illustration: Kristina Klotz

Name: ______________________________ Datum: ______________

Bei den Piraten

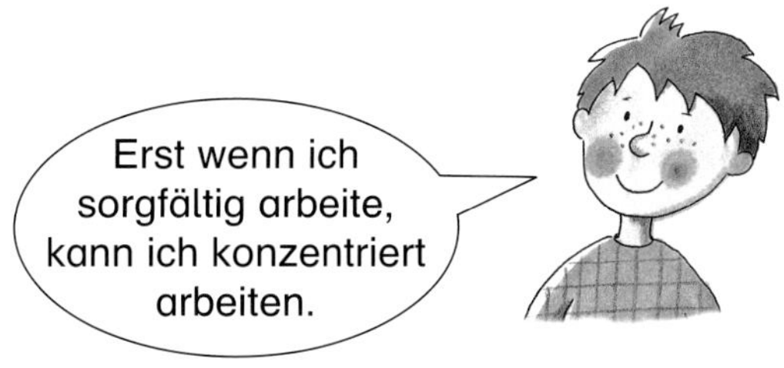

Wie kommt der Pirat zur Insel?

Schatzsuche

Der Pirat möchte zum Schatz. Kannst du ihm helfen?

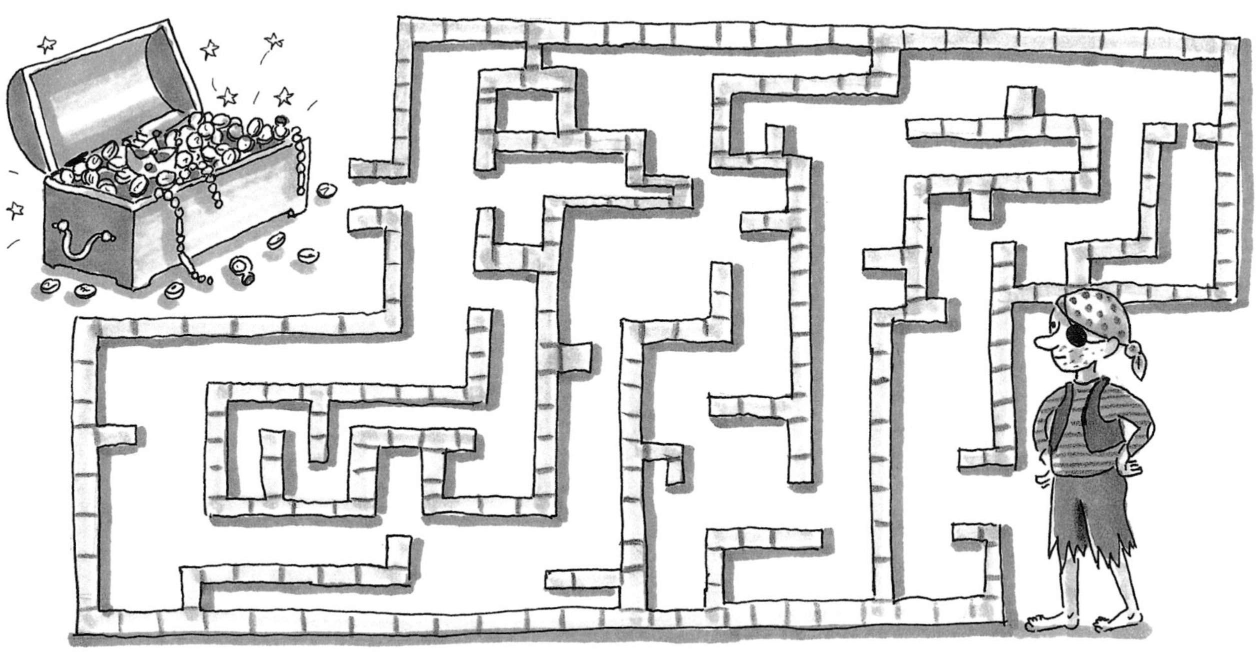

Name: ______________________________ Datum: ______________

Piratenparty

Carlos Piratenkostüm

So geht es:

- Male das Piratenkostüm nach der Ansage durch den Lehrer richtig an.
- Achte darauf, dass du sorgfältig und nicht über die Linien hinaus malst.

Puzzleteile

So geht es:

- Finde die richtigen Bildausschnitte und fahre sie mit unterschiedlichen Buntstiften nach.

✂

8. Einheit: Durchhaltevermögen – Ich halte auch bei schwierigen Aufgaben durch!

Überblick:

Warum? Verhaltensmodifikation, Steigerung der Konzentrationsfähigkeit

Verhaltensziel: Ich halte auch bei schwierigen Aufgaben durch.

Schwerpunkte:
- Steigerung der Daueraufmerksamkeit
- Eigene Ressourcen stärken

Stundenaufbau:
- *Einstieg:* **Spiel: Platzwechsel**
- *Zielerläuterung:* **WK/Fragezeichen** (S. 32) anheften und mithilfe des **AB: Durchhalten** besprechen
- *Übung:* **AB: Knobelei**

Danach? Reflexion des Ziels, Punktevergabe

Spiel: Platzwechsel

Vorbereitung: Pro Kind vier verschiedenfarbige Gummibärchen, Muggelsteine oder Spielfiguren

Durchführung:
Die Kinder legen die Gummibärchen in der Reihenfolge Rot, Grün, Weiß und Gelb vor sich auf den Platz. Anschließend tauschen die Bärchen ihre Plätze. Bei jeder Variante wird in der gleichen Ausgangsposition begonnen.

1. Die Schüler tauschen die Gummibärchen aktiv: Rot wandert an die letzte Stelle, Weiß tauscht mit Grün den Platz.
2. Die Schüler stellen sich den Platzwechsel vor: Grün wandert an die erste Stelle, Weiß und Gelb tauschen die Plätze. Wer weiß die neue Reihenfolge?
3. Die Schüler schließen die Augen: Weiß wandert an die erste Stelle, Rot und Grün tauschen die Plätze. Wer kann die neue Reihenfolge mit geschlossenen Augen sagen?

Das Spiel kann mit unterschiedlichen Aufträgen variiert werden.

Übungen:

AB: Knobelei

Zahlencode / Zahlenreihen / Geheimschrift

Die Schüler bearbeiten das AB. Die Lehrkraft schaltet parallel dazu Musik an. Die Schüler sollen das Hintergrundgeräusch ausblenden und ausdauernd konzentriert arbeiten.
Tipp: Verweis auf das innere Radio (vgl. 1. Einheit)

Lösung Geheimschrift:
Jetzt kannst du dich konzentrieren.

Name: ____________________ Datum: ____________

Durchhalten

Kraftstein

Damit du durchhalten kannst brauchst du viel Kraft.
Gestalte einen Kraftstein. Schreibe auf, was dir Kraft gibt.
z. B. Lieblingsgetränk, Hobby, Personen …

Was kannst du gut?

Schreibe es auf.

____

____

____

____

Name: ______________________________ Datum: ______________

Knobelei

Zahlencode

So geht es:
Streiche die Zahlenpaare durch, die nicht gleich sind.

4 5 6 7	3 5 1 1	9 8 5 1	1 2 3 4
4 5 6 7	4 5 1 1	9 8 5 0	1 2 3 5
7 8 9 1	2 3 6 7	2 3 6 7	6 7 9 8
7 8 9 2	2 3 6 7	2 3 7 6	6 7 9 8
8 7 6 6	6 7 6 7	1 2 1 3	9 8 8 0
6 6 8 7	7 6 7 6	1 2 1 3	9 0 8 8
9 7 9 8	5 7 8 9	6 8 9 0	7 3 4 5
9 8 6 7	5 7 8 9	6 8 9 0	7 3 4 5

Zahlenreihen

So geht es:
Vergleiche die Zahlenreihen mit den vorgegebenen. Streiche nicht vorkommende Zahlen durch.

123 **698** **945**

~~897~~ 123 945 678 698 123 112 945 789 954

945 698 345 654 945 123 765 987 698 123 945

451 197 945 677 698 123 412 112 123 945 709 945

Geheimschrift

- Entschlüssle die Geheimschrift! Tipp: Denke an den Anlaut!

Name: ______________________________ Datum: ______________

Training

Ist dein Trainingsziel in den verschiedenen Stationen eingetreten?

Name: ______________________ Datum: ____________

Punkteplan

Notiere deine Punktezahl zu jedem Spiel.

Name: ______________________________ Datum: ______________

Verhaltensziele

1. Ich werde ruhig und stelle mein inneres Radio ab.

2. Ich sitze ruhig auf meinem Platz.

3. Ich höre aufmerksam zu.

4. Ich warte, bis ich an der Reihe bin.

5. Ich lege meine Arbeitsmaterialien bereit.

6. Ich arbeite flott.

7. Ich arbeite sorgfältig.

8. Ich halte auch bei schwierigen Aufgaben durch.

✂ -

Reflexionshilfe am Ende jeder Stunde

Reflexionsleiter

C) Fördermaterial

1. Daueraufmerksamkeit

Unter Daueraufmerksamkeit versteht man die Fähigkeit sich über einen längeren Zeitraum einer Aufgabe oder Tätigkeit zu widmen, die oft nicht besonders interessant, sondern eher monoton ist. Die Zielerreichung sollte hier im Vordergrund stehen.

Was und wie? **Namensdschungel**
Die Schüler sollen die Namen „Zita und Carlo" im Text heraussuchen und farbig markieren.
Buchstabenrallye
Die Schüler sollen aus den Buchstabenschlangen vorgegebene Buchstaben isolieren. Diese Übung eignet sich auch als Stationentraining.

Danach? Ergebnis auswerten, Reflexion mit Reflexionsleiter und Smileys: „Wie ist es dir bei den Übungen ergangen?"

2. Parallele Reizverarbeitung

Unter paralleler Reizverarbeitung werden Aktionen verstanden, die mehrere Reize gleichzeitig beinhalten. Das Gehirn soll lernen, beide Reize parallel zu verarbeiten.

Was und wie? **Spiegelbild**
Die Schüler bilden Dreiergruppen: Ein Kind ist das Spiegelbild, ein zweites Kind macht Bewegungen vor und der dritte Partner stellt Fragen, die das Spiegelbildkind beantworten muss.
Alles auf einmal – Suchbild
Die Lehrkraft hebt abwechselnd im Abstand von ca. 20 Sekunden eine der Bildkarten mit „Zita und Carlo" hoch. Für Zita malen die Kinder einen Punkt rosa aus, für Carlo blau. Anschließend suchen sie Fehler im Suchbild und markieren diese.
Obstsalat
Der Lehrer benötigt Farbkärtchen in Rot, Gelb, Grün und Orange. Die Farbkarten werden nacheinander in beliebiger Reihenfolge hochgehalten, während die Schüler die geeignete Obstsorte dazu anmalen. Außerdem nennt die Lehrkraft verbal Farben. Die passenden Obstsorten werden ausgemalt. Der zeitliche Abstand zwischen den visuellen und auditiven Reizen ist je nach Alter zu bestimmen.
Rechenjagd – Mehr oder weiniger
Die Schüler bearbeiten das Arbeitsblatt „Rechenjagd" und „Mehr oder weniger?". Gleichzeitig nennt die Lehrerin die Namen der Schüler. Das genannte Kind klatscht in die Hände. Beim Kommando „alle" muss die ganze Gruppe aufstehen und sich erneut setzen.
Die parallelen Reize sind erneut so einzusetzen, dass es zu keiner Überforderung der Schüler kommt.

Danach? Ergebnis auswerten, Reflexion mit Reflexionsleiter und Smileys: „Wie ist es dir bei den Übungen ergangen?"

3. Selektive Aufmerksamkeit

Die selektive Aufmerksamkeit ermöglicht eine bewusste Reizausblendung. Ablenkungen werden ignoriert und die Konzentration erfolgt auf die eigentliche Aufgabe.

Was und wie? **Genau gleich, Symbole**
Die Schüler bearbeiten die beiden Arbeitsblätter. Sie sollen jeweils das identische Bild finden und die richtigen Symbole unter die Bilder malen. Die Lehrerin versucht währenddessen die Gruppe abzulenken:

- Geräusche machen
- Namen nennen
- Berühren der Arme etc.

Danach? Ergebnis auswerten, Reflexion mit Reflexionsleiter und Smileys „Wie ist es dir bei den Übungen ergangen?"

Tipp: Die Ablenkungen können auch in andere Übungsbereiche integriert werden.

4. Umschaltefähigkeit

Das Switchen bezieht sich auf die Fähigkeit, die Aufmerksamkeit bewusst zwischen zwei Reizen hin und her zu schieben.

Was und wie? **Vor und Zurück**
Die Schüler brauchen eine Spielfigur. Die Lehrerin klopft auf den Tisch. Bei jedem Klopfzeichen gehen die Schüler auf dem Spielplan einen Schritt mit einer Spielfigur nach vorne. Wechselt die Lehrkraft von Klopfen auf

Klatschen, so wandern die Schüler einen Schritt zurück.

Verkehrte Welt
Die Lehrerin nennt abwechselnd in beliebiger Reihenfolge die Farben Rot und Blau. In der „Richtig-Reihe" werden die Kästchen mit der genannten Farbe identisch angemalt, bei der „Falsch-Reihe" werden die Kästchen mit der anderen Farbe als der genannten markiert.

Danach? Ergebnis auswerten, Reflexion mit Reflexionsleiter und Smileys: „Wie ist es dir bei den Übungen ergangen?"

Tipp: Anzahl der Signale und Farbreihenfolge notieren, damit eine Auswertung möglich ist.

5. Arbeitstempo

Unter Arbeitstempo versteht man die Zeit, in der ein Schüler gemäß seiner Entwicklung (Alter und/bzw. Reife) Aufgaben bewältigen kann.

Was und wie? **Wortkette, Augendetektive, Wörterpuzzle**
Die Schüler bearbeiten die Arbeitsblätter nach Anweisung im Team. Stoppuhren sollten zur Verfügung gestellt werden.

Danach? Ergebnis auswerten, Reflexion mit Reflexionsleiter und Smileys: „Wie ist es dir bei den Übungen ergangen?"

6. Sorgfalt

Die Sorgfaltsleistung bezieht sich zum einen auf die Fehleranzahl bei Aufgaben und zum anderen auf die ordnungsgemäße Ausführung.

Was und wie? **Gemüsemix, Gesichter**
Bei diesen Übungen geht es um die sorgfältige Arbeitsweise. Zuerst malen die Schüler das Gemüse in der richtigen Farbe an, dann vervollständigen sie die Gesichter mit den fehlenden Merkmalen.

Danach? Ergebnis auswerten, Reflexion mit Reflexionsleiter und Smileys: „Wie ist es dir bei den Übungen ergangen?"

Tipp: Bei starken Gruppen können Ablenkungsreize eingebaut werden.

Name: ______________________________ Datum: _______________

1. Daueraufmerksamkeit

Namensdschungel

So geht es:
- Suche die Namen Zita und Carlo.
- Markiere sie farbig.

RITA CARLO JOSEF CHRISTIAN ZITA JOHANNES
MARIA ROSI ELVIRA NICO JANNES KEVIN ZITA
MARLON CARLO JENS RALF MARKUS ANNA LENA
ZITA CARLO ZITA LARS NADINE HUGO

STEFANSIMONVIVIENZITAFLORIANCARLOBENEDIKT
MELINDALINDACARLOSVENMARIZITANATALIECLAUD
IASANDRACHRISTOPHCARLOTOBIASGUNTHERDAVI
DJULIAZITASIMONANDREASCAROOLIVIA

Buchstabenrallye

So geht es:
- Suche im Text die vorgegebenen Buchstaben.
- Markiere sie farbig

Buchstabenrallye	Buchstabenrallye
So geht es: • Suche den Buchstaben e/E. • Wie oft findest du ihn? EselessenErbsen esseneselerbsen ERBSENESSENESEL 18 mal	So geht es: • Suche den Buchstaben g/G. • Wie oft findest du ihn? GänseschnatternimGarten IMgartenSCHNATTERNgänse schnatterngänseimGarten 6 mal

Name: ______________________ Datum: ______________

Buchstabenrallye

So geht es:
- Suche den Buchstaben f/F.
- Wie oft findest du ihn?

FISCHERSfritzFISCHT
frischeFische
FRISCHEfischeFischt
FISCHERSfritz

10 mal

Buchstabenrallye

So geht es:
- Suche den Buchstaben h/H.
- Wie oft findest du ihn?

HANShacktHOLZ
holzHACKThans
HACKTHANSHOLZ

9 mal

Buchstabenrallye

So geht es:
- Suche den Buchstaben b/B.
- Wie oft findest du ihn?

BesenbeißenBesen
beißenBesenBesen
BESENbeißenBESEN

9 mal

Buchstabenrallye

So geht es:
- Suche den Buchstaben d/D.
- Wie oft findest du ihn?

dreidackeldackelnumher
DACKELNDREIDACKELUMHER
UmherdackelnDREIDACKEL

9 mal

Buchstabenrallye

So geht es:
- Suche den Buchstaben a/A.
- Wie oft findest du ihn?

ABRAKADABRA
Abrakadabra
ABRAKADABRA

15mal

Buchstabenrallye

So geht es:
- Suche den Buchstaben ch/Ch.
- Wie oft findest du ihn?

ChingChangChung
chungchangching
CHANGCHINGCHUNG

9 mal

Name: ______________________________ Datum: ______________

2. Parallele Reizverarbeitung

Spiegelbild

So geht es:

- Suche dir zwei Partner.
- Einer ist das Spiegelbild und macht alle Bewegungen des Partners nach.
  Das dritte Kind stellt dem Spiegelbild-Kind Fragen, die es beantworten muss.
- Tauscht die Rollen, nachdem alle Fragen beantwortet sind.

Fragenkatalog:

1. Wie alt bist du?
2. Was ist deine Lieblingsfarbe?
3. Wo warst du letztes Jahr im Urlaub?
4. Was ist dein Lieblingssport?
5. Wie heißt du mit Nachnamen?
6. Wann hast du Geburtstag?
7. Was ist deine Leibspeise?

Alles auf einmal

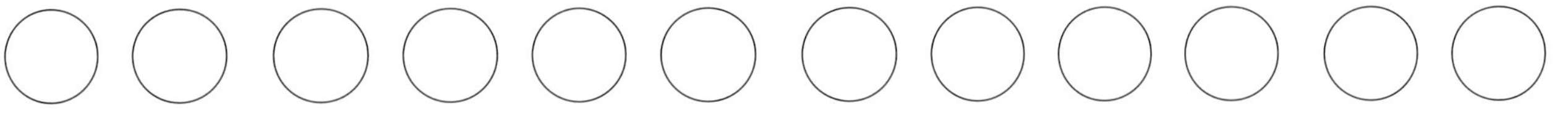

Suchbild

9 Fehler

Name: ______________________ Datum: ____________

Obstsalat

Name: ______________________ Datum: ____________

Rechenjagd

3 + 4 = ____

2 + 3 = ____

8 + 2 = ____

9 – 3 = ____

4 – 1 = ____

5 – 3 = ____

8 + 1 = ____

2 + 4 = ____

3 + 3 = ____

6 + 2 = ____

10 – 3 = ____

8 – 1 = ____

6 – 3 = ____

9 + 1 = ____

7 | 3 | 7 | 9 | 2 | 6 | 6 | 6 | 3 | 5 | 10 | 10 | 8 | 7

4 · 5 = ____

7 · 3 = ____

2 · 8 = ____

4 · 2 = ____

8 · 2 = ____

6 · 7 = ____

5 · 3 = ____

6 · 2 = ____

4 · 4 = ____

9 · 10 = ____

Ergebnisse für Malaufgaben

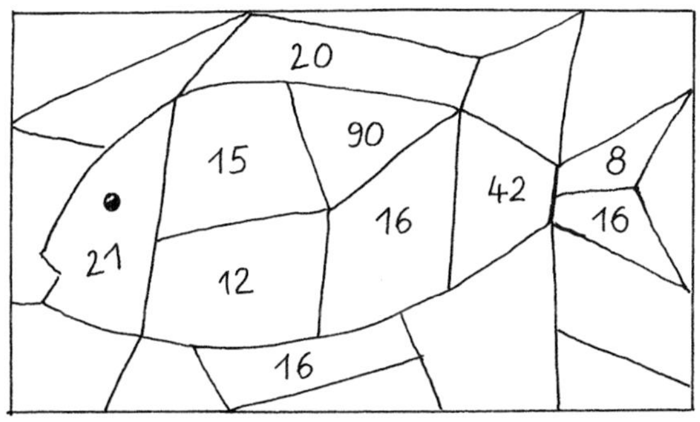

Mehr oder Weniger? < oder >?

+ + + + + + + + +	◯	* * * * * * * * * *
* * * * * * * * * * * * * * * * *	◯	+ + + + + + + + + + +
+ + + + + + + + + + +	◯	* * * * * * * * * *
+ + + + +	◯	* * * * * * * * *
* * * * * * * * * *	◯	+ + + + + + + + +
+ + + + + +	◯	* * * * * * * * *

Wie oft wurde geklatscht? ________

Name: ______________________ Datum: ____________

3. Selektive Aufmerksamkeit

Genau gleich

So geht es:
Finde in jeder Reihe zwei gleiche Bildpaare und male sie an.

Name: ______________________ Datum: ____________

Symbole

Name: ______________________ Datum: ____________

4. Umschaltefähigkeit

Vor + Zurück

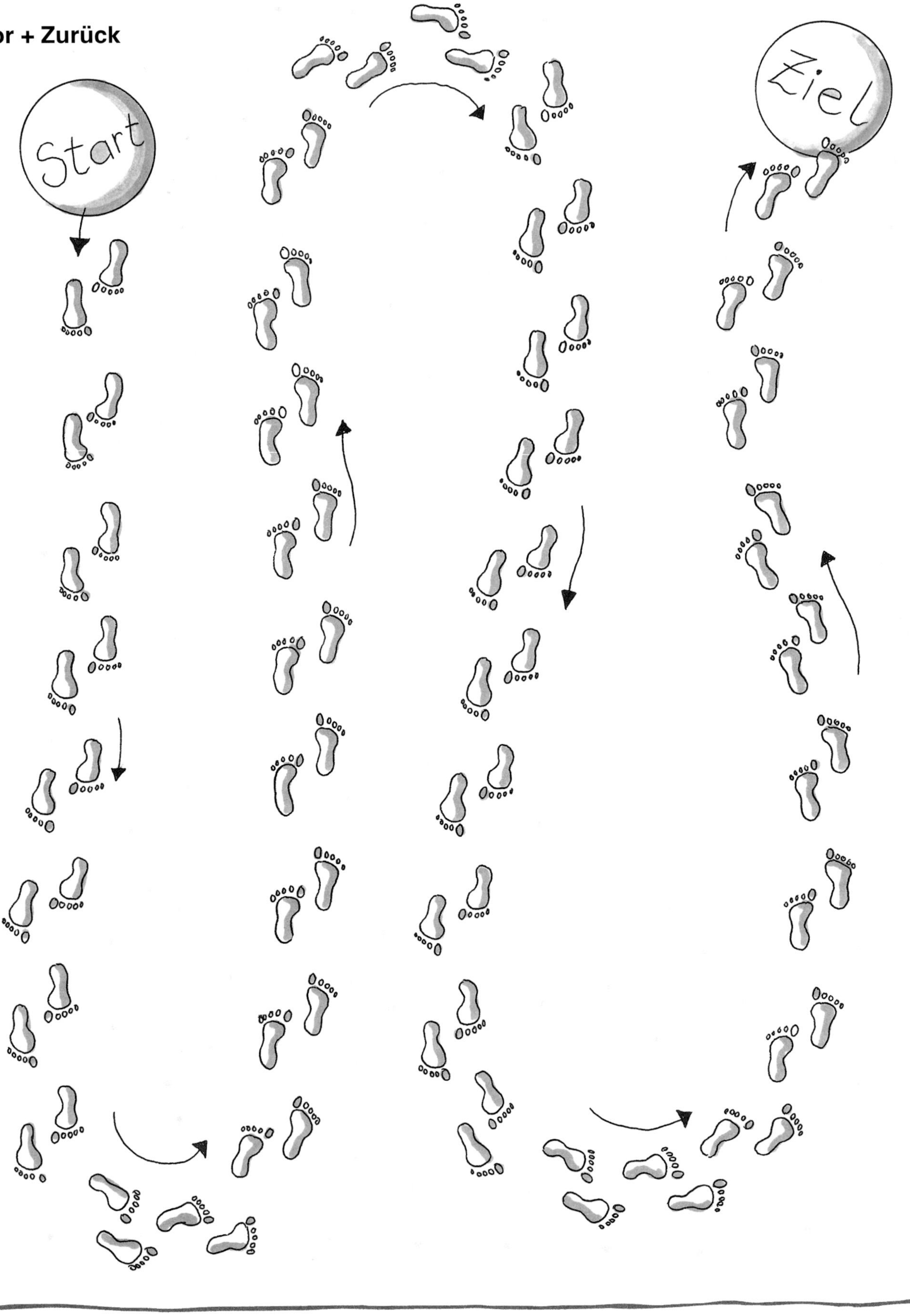

Name: ______________________________ Datum: ______________

Verkehrte Welt

Richtig

Falsch

Falsch

Richtig

Richtig

Falsch

Falsch

Name: ______________________________ Datum: ______________

5. Arbeitstempo

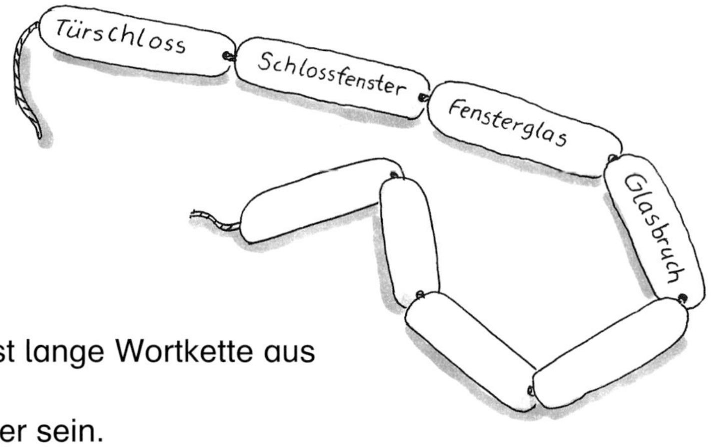

Wortkette

Das brauchst du:
- Block, Stift, Stoppuhr

So geht es:
- Stellt die Stoppuhr ein.
- Findet in drei Minuten eine möglichst lange Wortkette aus zusammengesetzten Wörtern.
- Achtung: Es müssen sinnvolle Wörter sein.
- Wie viele Wörter findet ihr in der vorgegebenen Zeit?
- Ihr könnt das Spiel wiederholen.

Name: ______________________ Datum: ____________

Augendetektive

Das brauchst du:

- Arbeitsblatt, Buntstift oder Textmarker

So geht es:

- Bearbeitet jeweils das Arbeitsblatt.
- Wer fertig ist, ruft laut „Stopp“.
- Vergleicht eure Ergebnisse.
- Wer hat mehr geschafft?
- Ihr könnt die Übung auch mehrmals durchführen

Suche im Buchstabensalat das Wort HUND und markiere es.

FHWJEHFIWEHUNDZFIWLEHFLKSDHFLSKDHFSKNCÖQOIUEPOH
UNDQURQIWDJHÖlÖALSQÜOEÜLXMXHCIZQÜPWHUNDNSJWZUG
CAKSFJLÖKFKLCLWKDQIQJOUIOHCSKHUNDHHIEUFWEJÖLKÜP
EIÄLHUNDÄAQWERTZUIOLKJHGFHUNDDSXDFGHJOPOESDFGH
JÖÄIUZTREDFGHJKLÖÄOIUZTREWQASDGHJKLHUNDÖLKJHGFD
SAQWERTZUIOPÖLKJHGFDCVBNMOIUZTREDFGHJKLÖLKJHGFC
VBNMHUNDMNHUNDBVDRTZUIOPUZTRFGHJKJNHBGVCVGHJKK
HUNDLKJHGFDSDFGHIUZTREFGHJ

Suche im Buchstabensalat das Wort ROSE und markiere es.

KUZTREDFGHJKROSELLKROSEJHGFDCVBNMNBVCSDFGHJKLO
IUZTRERTZUIOPÜÖLKJHGFDFGHJKLÖÄÖLKJHGFDSAYXCVBNM
NBROSEVCXYASDFGHJKLÖPOIUZTREDSFGHJKLÖLKJHGFDCV
BNMPOIUZTREWSDFGHJKLÖÄÖLKJHGFDSAYXCVBNMNBVCXY
ROSEXCVBNMNDSDFGHJKLKHGFERTZUIOPOIUZTREWDROS
EFGHJKJHGFCVBNBVCDFGHJKLIUZTRFGHJKJHGFVMNBVCDGH
JKIUZTRFGHJKMNBROSEVCFDFGHJROSEKUZTRDFGHJKJHGFC
VBNVCDROSETZHUJKIUZ TRFROSEDFGHJKMNBGFDTZUIOIUZTF
DFGHJMROSENBVCDFGHJKIUZ

Name: ______________________________ Datum: ______________

Wörterpuzzle

Das brauchst du:
Arbeitsblatt

So geht es:
- Male Wörter in der gleichen Farbe an, die zusammengehören.
- Wer fertig ist, ruft laut „Stopp“.
- Vergleicht eure Ergebnisse.
- Wer hat mehr geschafft?
- Ihr könnt die Übung auch öfter durchführen.

Tipp: Ihr könnt eure Zeit mit der Stoppuhr messen.

Weihnachts
Keks
Kaffee
Heft
Tinten
Brillen
Räuber
Radier
Piraten
Blei
Feder
Schul
Schlaf
Foto
Haus
Schreib
Haar

Stift
Mäppchen
Tür
Rahmen
Tasche
Fleck
Reif
Umschlag
Zimmer
Glas
Höhle
Tisch
Schiff
Tasse
Baum
Dose
Gummi

Name: ______________________________ Datum: ______________

6. Sorgfalt

Gemüsemix

Das brauchst du:

- Buntstifte, Arbeitsblatt

So geht es:

- Male das Gemüse in der richtigen Farbe sorgfältig an.

Gesichter

Das brauchst du:

- Bleistift

So geht es:

- Vervollständige die Gesichter

D) Kinder mit Konzentrationsschwierigkeiten unterrichten

Maßnahmenkatalog

Förderbereich	Material / Übungen
Arbeitsplatz / Material / Schultasche	**Arbeitsplatz** evtl. mit Klebeband genau einteilen (s. Zeichnung S. 52) • Platz für Federmäppchen • Platz für Heft • Platz für Buch **Hefte und Mappen** in unterschiedlichen Farben • Deutsch: roter Einband • Mathematik: blauer Einband **Sitzordnung** entsprechend planen • ablenkungsfreie Plätze: fern von Fenster oder Tür • Blick auf ablenkungsfreie Wand • Umfeld der Mitschüler beachten
Hausaufgaben	**Hausaufgabenheftführung besprechen** • Einmerkhilfe, z. B. Ecke abschneiden, Büroklammer • Kennzeichnung der Fächer durch Farbe **Hausaufgabe anschreiben** • fester Platz an der Tafel • eigene Hausaufgabentafel • verschiedene Farben für einzelne Fächer verwenden **Kontrolle durch Lehrer / Partner** • Abzeichnen • Gegenzeichnung durch Eltern
Heftführung	**Struktur bei Einträgen** • Lehrer als Modell: Demonstration unter Dokumentenkamera • einheitliches Raster für Hefteinträge **passende Schreibgeräte** • radierbarer Füller • Bleistift bei Übungsaufgaben • Schreibhilfen **Lineatur farblich hinterlegt** • Lineatur 1 und 2 mit farblichem Hintergrund zur besseren Zeileneinhaltung

Daueraufmerksamkeit/ Zeiteinteilung	**Eieruhr** • bei Übungen • bei Hausaufgaben **Übungen in einem bestimmten zeitlichen Umfang** • überschaubar **Hausaufgaben in Portionen einteilen** • nach Fächern • nach Schwierigkeitsgrad • Pausen falls notwendig einplanen • zeitliche Begrenzung angeben, damit kein Trödeln entsteht **Hausaufgabenprotokoll** • zur Visualisierung für die Kinder • Verlaufsdarstellung **Tagesplan** • klare Struktur • nachvollziehbar
Konzentration bei Proben	**Reizüberhöhung** • farbige Blätter bei Übungen oder Proben, die den Reiz erhöhen und somit konzentriertes Vorgehen erleichtern • Spickschutz/Einzelsitzplatz • Ablenkung reduzieren **angstfreie Atmosphäre** • positive Formulierungen • Aufgaben abdecken • Schritt für Schritt bearbeiten • Aufgabenfülle vermeiden
Unterricht	**Aktivierung der Schüler** • Namen nennen • Hand auf Schulter **Rituale** • Musik bei Stillarbeit • Aufräummusik • Entspannungsrituale • Unterrichtsphasen strukturieren • Bewegungsübungen und Rhythmisierungsphasen einplanen
Regeleinhaltung	**Verstärkerplan** • gewünschtes Verhalten als Ziel **Regelverstöße** • Strafbox mit von den Schülern formulierten Strafen • Regelvertrag mit Klasse • Time-out-Karten • Nachdenkstuhl als Auszeit für störende Schüler • Ampelkarte: grün: Verhalten gut, gelb: Vorsicht, rot: Ändere dein Verhalten (s. Zeichnung S. 55) • Muggelsteine: Schüler erhält fünf Muggelsteine, bei unerwünschtem Verhalten nimmt Lehrerin einen Stein kommentarlos weg, am Ende des Tages wird Verhalten reflektiert • Feedbackkarte: Verhaltensziel wird formuliert, bei jeder Regelmissachtung hüpft Spielfigur ein Feld weiter, kommt die Figur am Ende der Karte an, erhält die Lehrkraft die Belohnung (z.B. Gummibärchen), kommt die Figur nicht an, so erhält der Schüler die Belohnung (s. Zeichnung S. 55)

Konfliktverhalten	**Integration in Klassengemeinschaft** • Interaktionsspiele • soziales Lernen **Klassenrat** • einmal wöchentlich als Diskussionsforum **Helferaufgaben und Klassendienste** • zur Stärkung des Selbstvertrauens

Positive Verstärkung	**Verbal**
	• Zuwendung und Aufmerksamkeit
	• Ausdrückliches Loben
	
	Belohnen mit Verstärkerpläne
	• gewünschtes Verhalten wird eingeübt
	• hohe Motivation wird aufgebaut wenn andere soziale Verstärker nicht greifen
	• zu trainierende Verhaltensweise:
	  • muss sinnvoll sein
	  • jeden Tag mehrfach auftreten
	  • klar, präzise und positiv formuliert werden: z.B. Ich bleibe auf meinem Platz sitzen

Time Out	**Vier Stufen** 1. 2. 3. Signal → Auszeit, 4. Signal → Kind darf an der jeweiligen Unterrichtsstunde nicht mehr teilnehmen **Geeignete Orte** Nachbarklasse, sozialer Trainingsraum, Nachdenk-Stuhl **Wichtig** Vorgehen mit Eltern besprechen; besonders, wenn sich das Kind weigert

Material: Arbeitsplatzeinteilung

Name: ______________________ Datum: ____________

Hausaufgabenprotokoll

Woche von: ____________ bis: ____________

Tag	Montag	Dienstag	Mittwoch	Donnerstag	Freitag
geschätzte Zeit					
gebrauchte Zeit					

____________ Unterschrift Schüler

____________ Unterschrift Eltern

____________ Unterschrift Lehrer

Name: ______________________ Datum: ____________

Tagesplan

Name: ______________________

Wann?	Was?	Wie lange?	Geschafft?
Vormittag			
Nachmittag			
Abend			

Feedback-Karte

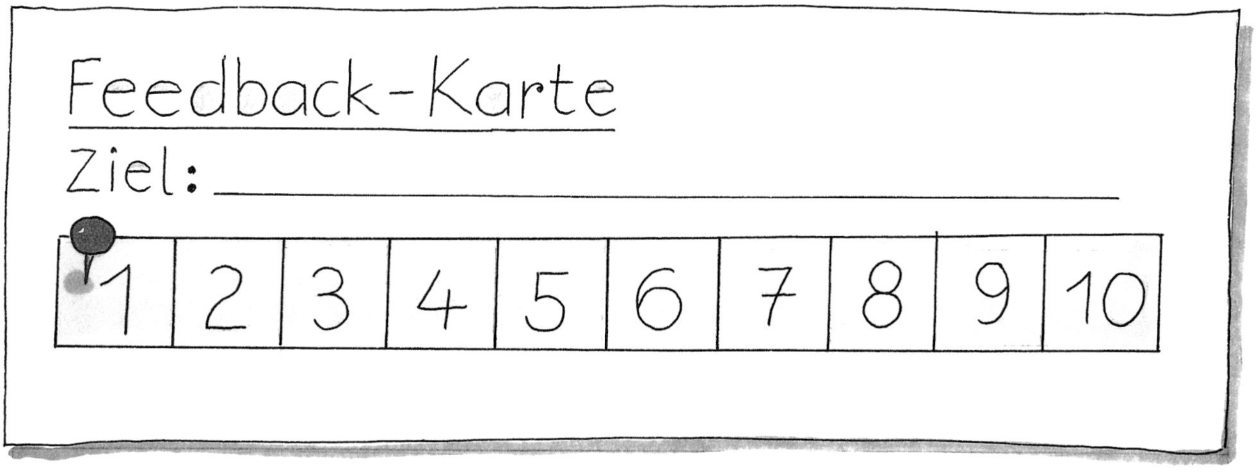

Unterrichtsphasen strukturieren

Ampelkarte

E) Tipps und Anregungen für Eltern

Förderung der Konzentration zuhause

1. Leitfaden für einen gleichmäßigen Tagesplan:

- aufstehen, waschen, anziehen, frühstücken
- Schulweg planen
- Schule, anschließendes Mittagessen
- Nachmittag strukturieren (täglich): Zeit für Schule und Verpflichtungen, Zeit für Freizeit
- Planung des nächsten Schultages: Schultasche packen usw.
- Ritual zum Tagesabschluss: Kuscheln, Vorlesen, Geschichten erzählen ...

2. Allgemeines für die Woche:

- zeitliches Eingrenzen von Fernsehen und Computer
- Spiele / Mitgliedschaft in Vereinen (besonders wichtig: Durchhalten!)
- Ferientage / Wochenende: grob strukturieren
- gemeinsame Mahlzeit(en) und Zusammensein: Besprechung gemeinsamer Anliegen (altersgemäße Mitsprachemöglichkeiten für die Kinder)

3. Ziele mit den Kindern erarbeiten:

- Kinder können und sollen altersgemäß angemessene Verantwortung übernehmen (z.B. Tisch decken, Getränke holen ...)
- Ordnung im eigenen Zimmer halten
- Vorschläge für sinnvolle Freizeitgestaltung

4. Loben:

- Das Loben ist der Schlüssel zur Veränderung des Verhaltens. Durch positive Reaktionen ihrerseits verstärken Sie das gewünschte Verhalten. Deshalb loben Sie auch kleine Erfolge.

5. Spiel im Familienkreis mit Freunden oder in Gruppen:

- Memo-, Lege-, Geduld- und Ratespiele
- Mitgliedschaft in Vereinen (besonders Mannschaftssportarten)
- Musikinstrument erlernen